BEI GRIN MACHT SICH IHR WISSEN BEZAHLT

- Wir veröffentlichen Ihre Hausarbeit,
  Bachelor- und Masterarbeit

- Ihr eigenes eBook und Buch -
  weltweit in allen wichtigen Shops

- Verdienen Sie an jedem Verkauf

Jetzt bei www.GRIN.com hochladen und kostenlos publizieren

Johann Schlatzer

Die Anwendung islamischen Rechts vor deutschen Gerichten

GRIN Verlag

Bibliografische Information der Deutschen Nationalbibliothek:

Die Deutsche Bibliothek verzeichnet diese Publikation in der Deutschen National-
bibliografie; detaillierte bibliografische Daten sind im Internet über http://dnb.d-
nb.de/ abrufbar.

Impressum:

Copyright © 2005 GRIN Verlag GmbH
Druck und Bindung: Books on Demand GmbH, Norderstedt Germany
ISBN: 978-3-638-91957-9

Dieses Buch bei GRIN:

http://www.grin.com/de/e-book/47666/die-anwendung-islamischen-rechts-vor-
deutschen-gerichten

GRIN - Your knowledge has value

Der GRIN Verlag publiziert seit 1998 wissenschaftliche Arbeiten von Studenten, Hochschullehrern und anderen Akademikern als eBook und gedrucktes Buch. Die Verlagswebsite www.grin.com ist die ideale Plattform zur Veröffentlichung von Hausarbeiten, Abschlussarbeiten, wissenschaftlichen Aufsätzen, Dissertationen und Fachbüchern.

Besuchen Sie uns im Internet:

http://www.grin.com/

http://www.facebook.com/grincom

http://www.twitter.com/grin_com

Kombinationsfach
Seminar zum Thema „Islamisches Recht"
Seminar, 2-stündig, WS 2005/2006
Rechtswissenschaftliche Fakultät der Karl-Franzens-Universität Graz

Referat zum Thema:

Die Anwendung von islamischem Recht vor deutschen Gerichten

Inhaltsverzeichnis

1. Einführung

In meinem Referat ist auf die Frage einzugehen, wie und unter welchen Bedingungen es zur (ausnahmsweisen) Anwendung von islamischem Recht vor den Gerichten der Bundesrepublik Deutschland kommt. Dazu ist es für den Betrachter nötig einen kurzen Überblick über die Vorschriften des internationalen Privatrechts zu bekommen. In der Folge gebe ich eine kurze einführende Erklärung der Begrifflichkeiten ab, um dann anhand von Beispielen aus der Judikatur der vergangenen 10 Jahre in die einzelnen Rechtsbereiche vorzustoßen, in denen es bereits zur Anwendung von Normen des islamischen Rechts als „echtes" internationales Recht oder zur Anwendung von islamisch geprägten Rechtsordnungen, also ausländischem nationalen Recht, gekommen ist. Die so durchgeführte chronologische Aufarbeitung des Themengebiets soll einerseits das Verständnis für die Systematik des internationalen Privatrechts fördern und andererseits die Problematik im Zusammenhang mit der Anwendung von islamischem Recht und nationalen Rechtsordnungen christlich-abendländischer Prägung im allgemeinen und der deutschen Rechtsordnung im speziellen dartun. Die fallbezogene Aufarbeitung hat sich dabei insofern angeboten, als auch die Rechtsfortbildung in diesem ambivalenten Bereich bis jetzt konkret durch Judikatur und nicht abstrakt durch den Gesetzgeber erfolgt. Die angesprochenen Fälle sind exemplarisch herausgegriffen, weshalb das vorliegende Werk keinesfalls den Anspruch auf vollständige Abhandlung dieses weitreichenden Themas erheben kann.

1.1. Internationales Privatrecht[1]

Der Begriff „Internationales Privatrecht", IPR, hat eine weitere und eine engere Bedeutung. Im weiteren Sinn umfaßt das IPR neben dem IPR im engeren Sinn auch Vorschriften über das internationale Zivilverfahrensrecht und „internationales Einheitsprivatrecht".

---

[1] Vgl. POSCH, Willibald, Internationales Privatrecht, Skriptum zur Einführung in die int. Dimensionen des Rechts, http://www.uni-graz.at/brewww posch 2 teilipr.doc (02.12.2005).

Das internationale Zivilprozeßrecht regelt die Bereiche der Zuständigkeit der Gerichte, Vollstreckung und Anerkennung von ausländischen Zivilurteilen. Das IPR ieS umfaßt Regelungen, die bestimmen, welche von mehreren Rechtsordnungen auf den konkreten Sachverhalt anzuwenden sind (nationales Kollisionsrecht). Dabei ist das IPR keine echte „internationale" Rechtsmaterie wie das Völkerrecht, sondern vielmehr „privates Internationalrecht". Jeder Staat hat sein eigenes, nationales „internationales Privatrecht", auch wenn dieses zum Teil auf internationalen Verträgen beruht. Auch in diesem Bereich greifen zunehmend gemeinschaftsrechtliche Normen ein und ersetzen somit nationale Regelungen durch „echtes internationales Recht". So definiert sich letztlich auch das internationale Einheitsprivatrecht als international vereinheitlichtes bzw. angeglichenes Recht mehrerer nationaler Privatrechtsordnungen.

1.2.   Deutsches IPR[2]

Die o.a. Definitionen werfen nun die Frage auf, wie die deutsche Rechtsordnung mit den Sachverhalten mit Auslandsberührung umgeht. Dabei ist grundsätzlich anzumerken, daß sich weitgehende Ähnlichkeiten mit der Systematik des österreichischen IPR ergeben[3], weswegen Details im jeweiligen Sachverhaltszusammenhang dargebracht werden und hier nur eine kurze Darstellung der relevanten Quellen erfolgt.

Das deutsche IPR hat seinen Kern in den Artt. 3 bis 49 des Einführungsgesetzes zum Bürgerlichen Gesetzbuche (EGBGB). Ergänzend bestimmt der Art. 3 Abs. 2 EGBGB, daß Regelungen aus dem Völkerrecht, soweit sie unmittelbar anwendbares innerstaatliches Recht geworden sind, den Vorschriften des EGBGB vorgehen. Regelungen in Rechtsakten der Europäischen Gemeinschaften bleiben unberührt, womit dem Anwendungsvorrang und der unmittelbaren Anwendbarkeit des Gemeinschaftsrechts Rechnung getragen

---

[2] Vgl. KOCH/MAGNUS/WINKLER VON MOHRENFELS, IPR und Rechtsvergleichung[3], C.H.Beck Verlag/München 2004.
[3] Vgl. SCHWIMANN, Michael, Internationales Privatrecht[3], Manz Verlag/Wien 2004, 2.

4

wird. Beispiele für IPR-relevante Gemeinschaftsrechtsakte sind etwa die EuGVVO (sog. Brüssel I – VO[4]) oder die EheVO (sog. Brüssel II - VO[5]). Das für das IPR relevante EVÜ[6] ist zwar im EG-Kontext abgeschlossen worden, basiert aber auf der rechtlichen Grundlage des Art. 293 EGV und ist daher nicht Gemeinschaftsrecht sondern ein völkerrechtlicher Vertrag zwischen den Mitgliedsländern.

Die Bearbeitung von Sachverhalten mit Auslandsberührung folgt immer demselben Schema und ist gekennzeichnet von der Suche nach Anknüpfungspunkten. Einen solchen Anknüpfungspunkt bietet etwa die Staatsangehörigkeit der Beteiligten[7]. Prinzipiell gilt es, den stärksten Zusammenhang mit einer bestimmten Rechtsordnung zu suchen.

Zuerst wird die internationale Entscheidungszuständigkeit der deutschen Gerichte geprüft, danach die Frage nach dem auf den Fall anzuwendenden, materiellen Recht. Schließlich kommt es im dritten Schritt zur Lösung der Rechtsfragen nach dem materiellen Recht.

Kommt man nach diesen Prüfschritten zur Anwendbarkeit von fremdem Recht tauchen unvermeidbar Schwierigkeiten auf. Ein häufiges Problem in Zusammenhang mit dem islamischen Recht und dessen Anwendung vor deutschen Gerichten ist die Frage nach der Konformität mit den Grundwertungen der deutschen Rechtsordnung oder allfälligen Widersprüchen dazu. In letzterem Fall wäre von einem ordre-public-Verstoß die Rede und es käme, wenn diese Lücke nicht durch das ausländische Recht selbst geschlossen werden kann, zur ersatzweisen Anwendung deutschen Rechts[8], was aber neuerlich Probleme aufwirft.[9]

---

[4] Verordnung (EG) Nr. 44/2001 des Rates vom 22. Dezember 2000 über die gerichtliche Zuständigkeit und die Anerkennung und Vollstreckung von Entscheidungen in Zivil- und Handelssachen.
[5] VO (EG) Nr. 1347/2000 des Rates vom 29. Mai 2000 über die Zuständigkeit und die Anerkennung und Vollstreckung von Entscheidungen in Ehesachen und in Verfahren betreffend die elterliche Verantwortung für die gemeinsamen Kinder der Ehegatten.
[6] Römisches EG-Übereinkommen über das auf vertragliche Schuldverhältnisse anzuwendende Recht vom 19.6.1980.
[7] Art. 5 EGBGB
[8] Beispielsweise BGH NJW 1993, 848 (850) = IPRax 1993, 102.
[9] z.B. Qualifikation unbekannter Institute, die in der eigenen Rechtsordnung fehlen, im fremden Recht aber bestehen und umgekehrt, wie die sog. „Legitimanerkennung" nach islamischem Recht. Vgl. dazu KOCH/MAGNUS/WINKLER VON MOHRENFELS, IPR und Rechtsvergleichung[3], 19 uwV.

Eine Vertiefung der Thematik erscheint an dieser Stelle unangebracht, da sie den Rahmen des Referates sprengen würde, weshalb ich auf die weiterführende, im Anhang aufgelistete Literatur und die dort angeführten Internet-Quellen verweise.

In der Folge werden nun fallorientiert Einzelprobleme des IPR anhand von Judikatur deutscher Gerichte behandelt, wobei immer wieder auf einzelne Fragen des IPR näher eingegangen wird.

2. Judikatur

2.1. Scheidung wegen Unterhaltsverweigerung nach islamischem Recht[10]

2.1.1. Ausgangssituation

Ein marokkanisches Ehepaar lebt in Deutschland. Beide Ehegatten sind Muslime. Die Ehefrau ist bereits in Deutschland geboren. Der Ehemann ist erst 1990 (nach Eheschließung in Marokko) in die BRD gekommen. Das Gericht hält den Antrag der Ehefrau, die Ehe nach marokkanischem Recht wegen Unterhaltsunwilligkeit und -unfähigkeit des Ehemannes zu scheiden, für erfolgversprechend.

Das Gericht stand vor einer Reihe von Fragen: Ist marokkanisches (islamisches) Recht überhaupt anwendbar oder widerspricht die Anwendung wegen der Ungleichbehandlung von Mann und Frau dem deutschen ordre public? Ist es gerechtfertigt, einer Ehefrau, die eine qualifizierte Schulausbildung erfahren und eine qualifizierte Berufsausbildung aufgenommen hat, eine Scheidungsmöglichkeit schon dann einzuräumen, wenn der Ehemann, der erst später in die BRD gekommen ist, nicht hinreichend leistungsfähig ist und aus diesem Grund den Ehegattenunterhalt nicht hinreichend sichern kann? Unter welchen Voraussetzungen ist ein Rückgriff auf das deutsche Scheidungsrecht zulässig?

2.1.2. Ungleiches Scheidungsrecht[11] von Mann und Frau und der deutsche ordre public

Das Recht zur einseitigen Eheauflösung durch Lossagung (Verstoßung, „talaq") hat nach dem Code du Statut Personnel et des Successions (CSPS, „moudawwana") in der Fassung von 1995 nur der Mann. Für die Frau gibt es nur die Scheidung durch „Loskauf" (Art. 61 CSPS, „khal'a": vereinbarte Summe wird

---

[10] OLG Hamm, 18.8.1994 – 4 WF 307/94 = IPRax 1995, 174 ff.
[11] Inzwischen durch die Familienrechtsreform 2004 in Marokko weitgehend beseitigt. Vgl. SABRA, Martina, Frauenrechte: Ein mutiger Schritt des marokkanischen Königs, http://www.qantara.de/webcom/ show_article.php/ c-502/ nr-25/ p-1/i.html (05.12.2005)

als Entschädigung an den Mann gezahlt), oder die gerichtliche Scheidung wegen der in den Artt. 53-58 CSPS genannten Gründe.

Diese Ungleichbehandlung von Mann und Frau schließt die Anwendung des marokkanischen Rechts aber noch nicht aus. Für die Geltendmachung des deutschen ordre public kommt es nicht darauf an, ob das maßgebende Recht als solches mit den Grundsätzen des deutschen Rechts, insbesondere den Grundrechten, vereinbar ist, sondern vielmehr darauf, ob die Anwendung in concreto zu einem nicht mehr akzeptablen Ergebnis führt (Art. 6 EGBGB). Kann die Frau eine Scheidung nach dem Heimatrecht anstrengen, so handelt der Richter nicht ordre-public-widrig, wenn er daraufhin die Ehe scheidet. Zweifel sind nur dann angebracht, wenn der Frau eine Scheidung versagt werden müßte aufgrund von Gegebenheiten, die den Mann aber zur Scheidung berechtigen würden.

2.1.3.   Scheidung wegen Unterhaltsverweigerung

Wird das Scheidungsrecht der Frau von der Unterhaltspflichtverletzung des Mannes abgeleitet, so liegt es nahe, die Unterhaltspflicht als Vorfrage zu betrachten. Unterhaltsstatut wäre hier deutsches Recht gem. Art. 4 des Haager Übereinkommens über das auf Unterhaltspflichten anzuwendende Recht vom 2.10.1973. Nach deutschem Recht hätte die Frau nur Anspruch auf Unterhalt im Fall ihrer Bedürftigkeit und keinen Anspruch bei Leistungsunfähigkeit des Mannes.

Eine derartige Sicht wird aber dem marokkanisch-islamischen Scheidungsstatut nicht gerecht. Welche Pflichten den Mann treffen, bestimmt, wenn beide Ehegatten Muslime sind, das islamische Recht.[12]

Danach ist der Mann der Frau, nicht auch die Frau dem Mann unterhaltspflichtig. Er allein trägt die Kosten des ehelichen Haushalts, selbst dann, wenn die Frau eine bezahlte Tätigkeit ausübt. Verletzt der Mann diese Pflicht, so kann die Frau unter gewissen Voraussetzungen[13] die Scheidung verlangen.

---

[12] IPRax, 1995, 167.
[13] „Die Ehefrau kann eine gerichtliche Scheidung beantragen, wenn ihr Ehemann anwesend ist und es ablehnt, ihr gegenüber seiner Unterhaltspflicht nachzukommen." (Art. 53 Nr. 1 CSPS)

Dies kann die Frau aber nur dann, wenn der Mann seine Unterhaltspflicht auch tatsächlich verletzt hat. So entfällt diese Unterhaltspflicht beispielsweise, wenn die Frau die Ehewohnung gegen den Willen des Mannes und ohne gerichtliche Erlaubnis verläßt (wie hier wohl geschehen). Daher kann die Frau im vorliegenden Fall nicht auf Scheidung wegen Unterhaltsverweigerung begehren.

2.1.4. Rückgriff auf das deutsche Recht

Steht der Frau nach dem Heimatrecht kein Scheidungsrecht zu, so bleibt die Frage, ob dieses Ergebnis hingenommen werden kann. Besteht, wie hier, eine Inlandsbeziehung, so ist die Lösung des ausländischen Rechts am ordre public zu messen, vor allem an den Grundrechten im Grundgesetz. Insofern liegt auf der Hand, daß der Mann anders behandelt wird als die Frau. Er kann sich von ihr scheiden lassen, umgekehrt nicht.

Das OLG Hamm stellt aber fest, daß der Frau deshalb nicht das Recht zugesprochen werden muß, sich – ohne Angabe von Gründen – von ihrem Mann scheiden lassen zu können. Der Frau soll lediglich die Möglichkeit zur Scheidung gegeben werden, die einerseits den Gleichheitsverstoß beseitigt und andererseits mit den inländischen Vorstellungen von Scheidung verträglich ist – was bei der Talaq-Scheidung nicht unbedingt der Fall ist.

Das Gericht schlägt im vorliegenden Fall – wegen fehlender bzw. nicht ausreichender Entwicklungsfähigkeit des an sich aber anwendbaren marokkanisch-islamischen Rechts – die Anwendung deutschen Rechts vor.

2.2. Alleiniges Namensbestimmungsrecht des Vaters nach libanesisch-hanefitischem Recht und deutscher ordre public[14]

2.2.1. Ausgangssituation

Der Vorname des am 27.6.1996 in Gelsenkirchen-Baur geborenen Sohns eines libanesischen Ehepaars (die Ehe wurde 1995 in Beirut geschlossen) ist laut Geburtenbuch des Spitals mit „Muhamet Jihad" beurkundet. In der

---

[14] Kommentar zum Beschluß des AG Essen v. 24.9.1997 – 79 III 30/96 = IPRax 1998, 213.

Geburtsanzeige hat die Ehefrau angegeben, daß sie und ihr Ehemann dem Kind den Namen Muhamet gegeben hätten. Ihr Ehemann sei lediglich an der Unterzeichnung verhindert.

Der Ehemann hat beantragt, den Vornamen des Kindes in Munier zu ändern. Es stimme nicht, daß er mit der Erklärung der Mutter über den Vornamen des Kindes einverstanden war. Die Mutter hat die Zurückweisung de s Antrags beantragt, mit der Begründung, daß das Kind an den Namen gewöhnt sei und es ihm nicht zuzumuten sei einen neuen Vornamen zu bekommen.

2.2.2. Berichtigung des Vornamens

Auf Antrag des Vaters war gemäß §47 Personenstandsgesetz (PStG) die Berichtigung des Vornamens anzuordnen. Es kann festgestellt werden, daß das Kind aufgrund väterlicher Entscheidung diesen Vornamen führt und der andere Vorname Muhamet falsch beurkundet ist.

Nach deutschem IPR richtet sich das Namensstatut nach dem Personalstatut des Kindes.[15] Dieses wird durch die Staatsangehörigkeit bestimmt.[16] Diese ist hier die libanesische, da das Kind mit der Geburt diese von seinem Vater erhalten hat (Art. 1 Nr. 1 der Verordnung Nr. 15/5 vom 19.1.1925 in der Fassung vom 11.1.1960).

Das Gericht davon aus, daß das libanesische Recht die Verweisung des deutschen Rechts annimmt, da weder eine Rückverweisung noch eine Weiterverweisung besteht. Im Libanon selbst verweist die Rechtsordnung auf das Recht der Religionsgesellschaften, denen die Eltern angehören, hier also das islamische Recht der hanefitischen Rechtsschule.

Diese Teilrechtsverweisung ist gem. Art. 4 Abs. 3 EGBGB zu berücksichtigen. Nach diesem Recht bestimmt der Vater alleine den Namen des Kindes.

Es kann offen bleiben, ob eine Berichtigung daran scheitern könnte, daß sich der Name des Kindes schon derart verfestigt hat, daß von einem Bestandsrecht ausgegangen werden könnte, da das Kind hier erst anderthalb Jahre alt ist.

---

[15] Art. 10 EGBGB
[16] Art. 5 EGBGB

Das alleinige Namensbestimmungsrecht des Vaters verstößt auch nicht gegen den deutschen ordre public, denn alle Beteiligten sind libanesische Staatsbürger und sunnitische Moslems. Allein der Aufenthalt in der BRD kann nicht dazu führen, daß trotz des Verweises auf ausländisches Recht doch wieder deutsches Recht zur Anwendung kommt.

2.2.3. Konkretisierung des deutschen ordre public

Der Beschluß des Gerichts ist insofern bemerkenswert, als er die Religion der Beteiligten in besonderem Maße bei der Beurteilung des ordre public berücksichtigt.

Zu den wichtigsten Grundsätzen des deutschen Rechts gehört für kindesbezogene Entscheidungen die Berücksichtigung des Kindeswohls.[17]

Die Anwendung ausländischen Rechts ist dann nicht ordre-public-widrig, wenn die Prüfung des deutschen Rechts zu dem gleichen Ergebnis führen würde. Bei einem Elternstreit über die Vornamensgebung hätte das Gericht nach deutschem Recht einem Elternteil die Entscheidung zu übertragen (§1628 BGB) und dabei das Kindeswohl zu überprüfen.

Was die zur Anwendung des ordre public erforderliche Inlandsbeziehung angeht, stellt das Gericht auf die Staatsangehörigkeit der Eltern ab. Sind alle Beteiligten Ausländer, so liegt nach Ansicht des Gerichts ein Verstoß gegen den deutschen ordre public nicht vor. Dies entspricht der früheren Auffassung des Bundesgerichtshofs (BGH). Der BGH hat diese Auffassung aber aufgegeben.[18] Nun weist das Gericht aber zusätzlich auf die Religion hin. Darin liegt ein neues Element. Die Berufung auf religiöses Recht fällt in den Schutzbereich des Art. 4 GG (Religionsfreiheit). Das gibt der Anwendung ausländischen religiösen Rechts ein verstärktes Gewicht, was zur Folge hat, das die Inlandsbeziehung eine besonders intensive sein muß, um das Eingreifen des deutschen ordre public zu rechtfertigen.

Das Gericht zitiert auch Art. 3 Abs. 2 GG. Das alleinige Recht des Vaters zur Bestimmung des Vornamens ist zwar als solches gleichbehandlungswidrig, aber es geht um den Vornamen des Kindes. Im Vordergrund der Prüfung steht das

---

[17] BGH 14.10.1992 = IPRax 1993, 102 ff.
[18] IPRax 1993, 104.

Kindeswohl. Das bestätigte auch das Berufungsgericht und wies die Beschwerde der Mutter des Kindes zurück.[19]

Insofern ist die Frage, ob die Anwendung gleichberechtigungswidrigen ausländischen Rechts gegen den deutschen ordre public verstößt, bei kindesbezogenen Entscheidungen anders zu beurteilen als bei Rechtsfragen der Ehegatten untereinander.

2.3. Islamisches Recht als Vertragsstatut

Kann ein Vertrag durch kollisionsrechtliche Rechtswahl der islamischen Scharia unterstellt werden? Nach herrschender Ansicht wird dies von deutschen Gerichten vermutlich verneint werden, da Art. 27 EGBGB nur die Wahl einer bestimmten staatlichen Rechtsordnung zuläßt.[20] Begründet wird dies vornehmlich mit dem Wortlaut des Art. 27 EGBGB und dessen Entstehungsgeschichte, wonach „Recht" gleichbedeutend sein soll mit der „Rechtsordnung eines bestimmten Staates". Die kollisionsrechtliche Wahl transnationaler nichtstaatlicher Rechtsgrundsätze, wie etwa der islamischen Scharia ist damit nicht möglich.

Anders ist die Rechtslage bei Schiedsgerichtsverfahren. Der einschlägige § 1051 deutsche ZPO spricht von der „Wahl des Rechts oder der Rechtsordnung eines bestimmten Staates". Diese Formulierung wird überwiegend so verstanden, daß auch eine Anwendung nichtstaatlicher Rechtsprinzipien zuläßt.

Mißt man einer Wahl islamischen Rechts auf kollisionsrechtlicher Ebene keine Bedeutung bei, so ist es möglich die Vereinbarung auf materiellrechtlicher Ebene zu berücksichtigen. Die hM erkennt an, daß eine materiellrechtliche Verweisung auf nichtstaatliche Regelwerke auch dann möglich und zulässig ist, wenn der Streit von einem ordentlichen Gericht entschieden wird.[21] Das vereinbarte Regelwerk wird durch die Vereinbarung zum Vertragsinhalt. Eine derartige Vorgehensweise ist vor allem bei familienrechtlichen Vereinbarungen verbreitet (etwa bei Vereinbarung der Morgengabe „mahr" in einem islamischen

---

[19] LG Essen 29.01.1998 – 7 T 626/97 = IPRax 1999, 50.
[20] Vgl. BÄLZ, Kilian, Das islamische Recht als Vertragsstatut? Kommentar zur Entscheidung des London High Court v. 1.8.2003, Shamil Bank of Bahrain v. Beximco Pharmaceutical Ltd. and others. In: IPRax 2005, 44ff (45).
[21] IPRax 2005, 46.

Ehevertrag).[22] Trotzdem kann eine derartige Vereinbarung Schwierigkeiten mit sich bringen. In der Tat werden sich ordentliche Gerichte, auch mit entsprechenden Gutachtern, schwer tun, eine die Parteien überzeugende Auslegung der Bestimmungen der Scharia zu finden. Ungeachtet der Meinungsvielfalt in der islamischen Rechtswissenschaft haben sich aber, vor allem im islamic banking, gewisse Praktiken und Standards herausgebildet, die zur Orientierung herangezogen werden können.

Möchten die Parteien eine Auslegung des islamischen Rechts durch ein säkulares Gericht vermeiden, bietet sich an, die Entscheidung solcher Fragen einem Schiedsgutachter zu übertragen, der diese gemäß § 317 BGB (analog) verbindlich entscheidet.[23] Einer gerichtlichen Nachprüfung ist die Schiedsgerichtsentscheidung nur dann, wenn sie „offensichtlich unrichtig" ist. Ein derartiger Mechanismus ermöglicht es auch in einem staatlichen Verfahren die islamische Legitimität zu erzeugen, die für viele Geschäftsbereiche der islamischen Welt, wie z.B. für islamic banking, notwendig ist.

2.4. Iranischrechtliche Scheidung auf Antrag der Ehefrau vor deutschen Gerichten[24]

2.4.1. Zum Fall

Die Parteien, beide Iraner schiitischen Bekenntnisses, hatten 1987 in Teheran geheiratet und leben seit 1995 in Deutschland. Die Antragstellerin begehrt Scheidung der Ehe sowie die Zahlung der „mahr" iHv „7 Mio. Rial = 7000 DM". Das FamG hatte die Ehe im Wege der Verpflichtung des Antragsgegners zum „talaq" geschieden. Das Kammergericht hatte sodann den Scheidungsantrag wegen Fehlens der internationalen Zuständigkeit deutscher Gerichte wegen Wesensfremdheit der auszusprechenden Scheidung abgewiesen.

Kollisionsrechtlich bestätigt der BGH zutreffend die Anknüpfung der Vorinstanzen nach Art. 8 Abs. 3 S. 1 des deutsch-iranischen

---

[22] BGH, NJW 1999, 574f.
[23] IPRax 2005, 47.
[24] RAUSCHER, Thomas, Kommentar zu BGH 6.10.2004 – XII ZR 225/01. In: IPRax 2005, 313ff.

Niederlassungsabkommens,[25] das gelegentlich von deutschen Gerichten übersehen wurde. Das Revisionsurteil hebt das antragsabweisende Berufungsurteil auf, sachlich beschränkt sich der BGH auf Hinweise.

2.4.2. Internationale Zuständigkeit für den Ehescheidungsantrag

Hinsichtlich der Zuständigkeit verneint der BGH die Anwendung der Brüssel II-VO und stützt sich zu Recht ausschließlich auf deutsches Zivilprozeßrecht (§ 606 a deutsche ZPO), da die VO nur auf Verfahren anzuwenden ist, die nach ihrem In-Kraft-Treten eingeleitet worden sind. Daß keiner der Ehegatten einem Mitgliedsstaat angehört, hindert grundsätzlich die Anwendung der VO nicht, da sie auf den gewöhnlichen Aufenthalt der Ehegatten abstellt, der im vorliegenden Fall in Deutschland liegt.

Die vom Kammergericht in den Raum gestellte Idee, bei gewöhnlichem Aufenthalt der Ehegatten in Deutschland könne die internationale Zuständigkeit deutscher Gerichte an fehlender Anerkennungsbereitschaft des gemeinsamen Heimatstaates scheitern ist unvereinbar mit dem Wortlaut des § 606 a deutscher ZPO (dZPO). Zwar ist dies nicht ohne Bedeutung, v.a. im Hinblick auf „hinkende Ehescheidungen", spielt aber im vorliegenden Fall keine Rolle. Zwar kann es sich im Hinblick auf eine Anerkennung im Heimatstaat Iran empfehlen, eine Scheidung nach Möglichkeit aufgrund eines „talaq" auszusprechen, weil der Ausspruch selbst nach iranischem Recht schon die Auflösung der Ehe bewirkt.

Derartige Handlungen können nach Ansicht des BGH aber nicht mehr als ein nobile officium sein. Abstrakt bleibt es bei der bloßen Anwendung des § 606 a dZPO, die hinkende Ehescheidungen in Kauf nimmt.

Der BGH geht auf die angeführte „Wesensfremdheit" im Berufungsurteil ein und stellt in präziser Weise dar, daß dem Wesen nach keine gerichtsfremde oder sonst ungewöhnliche Tätigkeit vom Gericht verlangt wurde. Entscheidend für das deutsche Gericht ist nicht, ob nach iranischem Recht ein religiöses oder staatliches Gericht die Ehescheidung vorzunehmen hat, sondern vielmehr, ob deutsche Gerichte dazu in der Lage sind die materiellrechtlichen Funktionen des iranischen Gerichts auszuüben. Nach umfassender Erläuterung des iranischen

---

[25] RGBl 1930 II 1002; BGBl 1955 II 829

Rechts kommt der BGH zum Schluß, daß dies im vorliegenden Fall jedenfalls gegeben ist, und daß die Tätigkeit keinesfalls als „wesensfremd" zu sehen ist.

Freilich problematisch erscheint die Tatsache, daß säkulare Gerichte über religiöses Recht entscheiden, was zum Schluß der „Wesensfremdheit" führen kann. Die Erwägung, eine – staatlich wirksame – religiösrechtliche Ehescheidung weiche qualitativ von weltlichen Ehescheidung ab, weshalb sie durch ein weltliches Gericht nicht in ihrer Natur als religiöses Recht umsetzbar sei, ist zwangsläufig widersprüchlich: Das deutsche Recht aber ist säkular und kann deshalb eine religiösrechtliche Scheidung nicht von einer staatlichen unterscheiden, sobald sie vom kollisionsrechtlich anwendbaren Recht mit staatlicher Wirkung versehen wird. Erklärt das IPR eine fremde religiöse Norm für anwendbar, so reduziert schon dieser Anwendungsbefehl die Norm auf ihren staatlich-rechtlichen Ordnungsgehalt.

Mit dem ordre public befaßt sich das Revisionsurteil nur unter dem Blickwinkel eines Verstoßes des potentiellen Ausspruchs der Scheidung, was wenig sinnvoll ist, weil es die durch das iranische Familienrecht potentiell benachteiligte Antragstellerin ist, welche die Scheidung begehrt.

Abstrakt gegen den ordre public verstößt das iranische Scheidungsrecht gerade deshalb, weil der Mann den rechtsgeschäftlichen „talaq" auszusprechen berechtigt ist, die Frau aber nur über gerichtliche Scheidungsvarianten verfügt. Im vorliegenden Fall jedoch sprach das Berufungsgericht im Urteil aus, daß ein „talaq" seitens des Mannes Grundlage für ein Ehescheidungsurteil sein könnte, sofern das Gericht das Scheitern des ehelichen Zusammenlebens festgestellt hat. Die damit vom Berufungsgericht provozierte gleichbehandlungswidrige Behandlung im konkreten Fall müßte aufgrund des gemeinsamen gewöhnlichen Aufenthalts in Deutschland den ordre-public-Vorbehalt auslösen. Sollte tatsächlich die Ehe nach iranischem Recht auf Antrag des Ehemanns in Deutschland geschieden werden können, auf Antrag der Ehefrau jedoch nicht, so hätte die Nichtanwendung iranischen Rechts und die Anwendung deutschen Ehescheidungsrechts den Verstoß beheben können. Die Ehefrau hingegen auf eine Ehescheidung vor einem iranischen Gericht zu verweisen, wie es das Berufungsgericht getan hat, hält Art. 3 Abs. 2 GG nicht stand.

3. Fazit

Die Anwendung von islamischem Recht in Deutschland kommt aufgrund der Zuwanderung aus islamisch geprägten Ländern immer häufiger vor. Die deutsche Rechtsordnung wendet islamisches Recht jedoch bisweilen oft uneinheitlich und fallbezogen gewertet an, was langfristig einer rechtspolitischen Überlegung und somit des Eingriffs durch die Gesetzgeber bedarf.

Literatur:

KOCH/MAGNUS/WINKLER VON MOHRENFELS, IPR und

Rechtsvergleichung,

3. Auflage, Verlag C.H. Beck, München 2004.

SCHWIMANN, Michael, Internationales Privatrecht, 3. Auflage, Manz Verlag,

Wien 2004.

Zeitschrift:

IPRax, Praxis des Internationalen Privat- und Verfahrensrechts, zweimonatig

erscheinende Zeitschrift, Gieseking Verlag, Bielefeld 2005.

Judikatur:

OLG Hamm 18.8.1994 – 4 WF 307/94

AG Essen 24.9.1997 – 79 III 30/96

BGH 6.10.2004 – XII ZR 225/01

Internet:

BUNDESMINISTERIUM DER JUSTIZ, Juris BMJ – Gesetze im Internet,

http://bundesrecht.juris.de/index.html (05.12.2005)

DEJURE.ORG RECHTSINFORMATIONSSYSTEME GbR, Tagesaktuelle

Gesetze und Rechtsprechung zum europäischen, deutschen und baden-

württembergischen Recht, http://dejure.org/ (05.12.2005)

EUROPÄISCHE GEMEINSCHAFTEN, EUR-Lex – der Zugang zum EU-Recht,

http://europa.eu.int/eur-lex/lex/de/index.htm (05.12.2005)

POSCH, Willibald, Internationales Privatrecht, Skriptum zur Einführung in die

int. Dimensionen des Rechts, http://www.uni-

graz.at/brewww_posch_2_teilipr.doc (02.12.2005)

QANTARA.DE, Dialog mit der islamischen Welt: Ein Internetportal von

Bundeszentrale für politische Bildung (bpb), http://www.qantara.de

(05.12.2005)